Estamos agradecidos
Otsaliheliga · ᎣᏣᎵᎮᎵᎦ

TRACI SORELL

Ilustrado por FRANÉ LESSAC

Traducido por CARLOS E. CALVO

ᎥᏂ Charlesbridge

A mi familia, a los miembros de la comunidad cheroqui y
a los niños de todo el mundo.—T. S.
A Traci. Wado por compartir tu historia.—F. L.

Wado a: Emilee Chavez, la joven cheroqui y lectora beta de cada versión de mi cuento;
Ryan Mackey, del Programa de Divulgación Cultural de la Nación Cheroqui; Will Chavez,
del periódico tribal *Cherokee Phoenix*; integrantes del Centro de Herencia Cheroqui, con
mención especial para Callie Chunestudy & Brandi Ross, y para Jeff Edwards & Durbin
Feeling, del Programa de Lenguaje de la Nación Cheroqui, por su ayuda con este libro. Las
transliteraciones, guías de pronunciación y silabario de términos cheroquis presentados en
este libro fueron aprobados por el Sr. Feeling.

También extiendo mi inmensa gratitud a Frané Lessac, quien visitó la Nación Cheroqui
y estableció contacto con su pueblo, cultura, historia, flora y fauna,
para traer su vibrante existencia moderna hasta este libro.—T. S.

Published by Charlesbridge · 9 Galen Street, Watertown, MA 02472
(617) 926-0329 · www.charlesbridge.com

Library of Congress Cataloging-in-Publication Data
Names: Sorell, Traci, author. | Lessac, Frané, illustrator. | Calvo, Carlos E., translator.
Title: Estamos agradecidos: otsaliheliga / Traci Sorell; ilustrado por Frané Lessac; traducido por Carlos E. Calvo.
Other titles: We are grateful. Spanish | Otsaliheliga
Description: Watertown, MA: Charlesbridge, [2023] | Audience: Ages 3-7. | Audience: Grades 2-3. | Text in Spanish and some in Cherokee. |
Summary: "Follow a full Cherokee year of celebrations and experiences of otsaliheliga, or gratitude, for the blessings and challenges that each
season brings; complete with the Cherokee syllabary."—Provided by publisher.
Identifiers: LCCN 2022033972 (print) | LCCN 2022033973 (ebook) | ISBN 9781623544294 (hardcover) | ISBN 9781632893895 (ebook)
Subjects: LCSH: Cherokee Indians—Juvenile literature. | Cherokee language—Juvenile literature. | Cherokee Indians—Religion—Juvenile literature.
| Gratitude—Juvenile literature. | Seasons—Juvenile literature.
Classification: LCC E99.C5 S65718 2023 (print) | LCC E99.C5 (ebook) | DDC 975.004/97557—dc23/eng/20220718
LC record available at https://lccn.loc.gov/2022033972
LC ebook record available at https://lccn.loc.gov/2022033973

Printed in China
(hc) 10 9 8 7 6 5 4 3 2 1

The illustrations for this book were created with gouache on Arches paper
Display type hand lettered by Ryan O'Rourke
Text type set in Cabrito Norm
Color separations by Colourscan Print Co Pte Ltd, Singapore
Printed by 1010 Printing International Limited in Huizhou, Guangdong, China
Production supervision by Brian G. Walker
Designed by Susan Mallory Sherman and Ellie Erhart

La gente cheroqui dice otsaliheliga para expresar gratitud. Es una manera de recordar que debemos celebrar lo importante que tenemos y de reflexionar sobre los obstáculos que enfrentamos cada día, en cada estación del año.

otsaliheliga · o-ya-LI-ge-li-ga · ᏬᏣᎵᎮᎵᎦ · estamos agradecidos

ULIGOHVSDI · OTOÑO

Cuando soplan brisas frescas y las hojas
caen, decimos otsaliheliga...

uligohvsdi · u-li-GO-jas-di · ᎤᎵᎪᎲᏍᏗ · otoño

... también cuando las agitadoras de caparazones danzan toda la noche alrededor de la fogata y los montículos de incienso de cedro se queman y elevan durante la Gran Ceremonia de Luna Nueva.

... mientras limpiamos nuestro hogar, usamos ropa nueva, disfrutamos de la festividad y olvidamos viejas peleas para darle la bienvenida al Año Nuevo Cheroqui.

... según recogemos maleza y madreselvas para tejer canastas.

... para recordar a nuestros ancestros que sufrieron adversidades y pérdidas en el Sendero de Lágrimas.

... y para seguir teniendo esperanza mientras nuestra elisi, la abuela, acuna al nuevo integrante de la familia y nos dice su nombre cheroqui.

elisi · e-LI-si · ᎡᎵᏏ · abuela

GOLA · INVIERNO

Mientras los osos duermen profundamente y
la nieve cubre el suelo, decimos otsaliheliga...

gola · GO-la · AW · invierno

... a medida que los más ancianos comparten historias y todos saboreamos un mantecoso pan de frijoles y una humeante sopa de maíz.

... cuando alimentamos a nuestros amigos animales y pájaros.

... mientras los niños mayores les enseñan a los más pequeños a hacer muñecos de chala y a tocar flautas de caña.

... cuando nos juntamos para recordar a algún tío que ha fallecido.

... y al tiempo que los hombres acunan a sus bebés y los arrullan con canciones tradicionales tsalagi, o cheroquis.

tsalagi · YA-la-gui · ᏣᎳᎩ · cheroqui

GOGEYI · PRIMAVERA

Cuando las lluvias bañan los arroyos y los retoños florecen, decimos otsaliheliga...

gogeyi · go-GUE-i · ᎪᎨᏱ · primavera

... mientras los hombres cantan, pidiendo que truenos y rayos protejan los retoños que están siendo cuidados por las mujeres.

... cuando recogemos cebollas silvestres, la primera comida de la primavera, y las servimos con huevos de gallina.

... a medida que demostramos paciencia al coser mocasines con pliegues y moldear barro para hacer hermosas vasijas.

... cuando plantamos ani, o fresas, para recordar de forma dulce y aromática una enseñanza ancestral que dice que no peleemos.

ani · A-ni · Dh · fresas

... y al abrazar a un miembro de la tribu que va a defender nuestro país.

Mientras los cultivos maduran y el sol
calcina, decimos otsaliheliga...

gogi · go-GUI · АУ · verano

... a medida que tomamos los arpones y caminamos por las frescas aguas del arroyo para pescar cangrejos de río para la cena.

... según hincamos los dientes en la primera cosecha de la temporada durante la Ceremonia del Maíz Verde.

... cuando golpeteamos palitos,
corremos tras una pelotita y la lanzamos
a lo alto de un poste del juego de stickball.

... cuando recordamos el sacrificio que hicieron nuestros ancestros para proteger nuestro estilo de vida.

... para celebrar nulistanidolv, o la historia, y escuchar el discurso de los líderes de nuestra tribu durante la Fiesta Nacional Cheroqui.

nulistanidolv · nu-lis-ta-ni-do-la · ᏄᎵᏍᏔᏂᏙᎳ · historia

Cada día, cada estación.

Otsaliheliga.
Estamos agradecidos.

DEFINICIONES

Agitadoras de caparazones: En las ceremonias cheroquis se realizan danzas de pisadas fuertes alrededor de una fogata. Las mujeres son las «agitadoras de caparazones», llamadas así por llevar unas tobilleras hechas de caparazón de tortuga, rellenas de piedritas que, al pisar, hacen ruido como una maraca. Las mujeres mueven los pies siguiendo un ritmo para «agitar los caparazones» mientras los hombres cantan en cheroqui. Unos de los hombres es el primero en cantar y luego invita a los demás a seguirlo. A ese hombre lo sigue una mujer, y a partir de allí se empiezan a formar parejas de hombres con mujeres. La danza de pisadas fuertes comienza al caer el sol y suele durar toda la noche.

Celebraciones de otoño: El Año Nuevo Cheroqui empieza en el otoño. Algunas familias y comunidades celebran la Gran Ceremonia de Luna Nueva, mientras que otras la combinan con la Reunión Anual de Otoño, antes llamada Festival del Maíz Maduro. Durante la celebración, la gente hace ayuno, enseña, se alimenta en comunidad y finalmente baila la danza de pisadas fuertes.

Sendero de Lágrimas: Si bien el pueblo cheroqui tiene origen en el sureste de Estados Unidos, donde muchos continúan viviendo, la mayoría vive ahora en Oklahoma. En la década de 1830 el gobierno de EE. UU. expulsó a los nativos en lo que ellos llaman el Sendero de Lágrimas, dividiendo los siete clanes con sus familias entre los actuales estados de Carolina del Norte y Oklahoma. La vida tradicional cheroqui se basa en una cultura matriarcal, incluidos el gobierno y las relaciones familiares. Los niños cheroquis pertenecen al clan de sus madres, por lo que su crianza está principalmente a cargo de familiares del lado materno. Como consecuencia de la expulsión, gran parte de esta forma de vida se vio alterada y muchas personas murieron.

Fresas: Una de las historias ancestrales cheroquis es la de «Primeras fresas», que cuenta cómo el Sol dispone de fresas para reunir al primer hombre y la primera mujer.

Arpones: Una de las costumbres cheroquis es pescar cangrejos de río con una caña larga que en un extremo tiene atada una punta de metal para formar un arpón. Algunas están hechas con perchas de metal, el asa de una escoba de madera y una cinta o liana fuerte. La tradición cheroqui es comer cangrejos de río fritos.

Ceremonia del Maíz Verde: Es una ceremonia importante de las tribus cheroquis, donde se realizan danzas de pisadas fuertes durante toda la noche y se ayuna hasta comer la primera cosecha de maíz de la temporada, además de otras comidas tradicionales.

Juego de stickball: Juego similar al lacrosse. Tradicionalmente eran los hombres los que participaban en este juego, para resolver disputas y evitar guerras. En la actualidad se juega en las ceremonias, y por deporte y diversión entre tribus. Los niños varones y los hombres usan dos palitos, y las niñas y las mujeres usan las manos.

Fiesta Nacional Cheroqui: Conmemoración anual de la firma de la Constitución Cheroqui de 1839. Se celebra el fin de semana del Día del Trabajo en Tahlequah, Oklahoma —capital de la Nación Cheroqui— y cuenta con la asistencia de más de 60.000 personas de todo el mundo. El festival consiste en un desfile, juegos tradicionales, un discurso a cargo del gran líder, música en vivo, comida y arte cheroqui, y una asamblea entre tribus. Esta festividad ocurre en la misma época que el Festival del Maíz Maduro, en el que se celebra la cosecha de otoño.

NOTA DE LA AUTORA

La cultura cheroqui pone énfasis en expresar gratitud hacia unelanvhi (u-NE-la-na-ji) [OⵄᏗWOⵄᏗ], que literalmente significa «el que provee todo», o Dios. También expresamos gratitud hacia los demás, hacia los animales y plantas, y hacia el cosmos y la tierra. El pueblo cheroqui considera que reconocer y honrar la forma en que lo sagrado y lo terrenal se entrelazan requiere esfuerzo, ritos y concienciación, pero sobre todo requiere gratitud. Me siento agradecida de tener la oportunidad de ofrecer una perspectiva contemporánea de la cultura cheroqui por medio de este libro. Desde mi infancia hasta hoy, solo he encontrado unos pocos libros sobre cómo viven los niños y las familias cheroquis de la actualidad. La mayoría se enfocaba en nuestras historias tradicionales o en figuras y eventos históricos. Otras publicaciones representaban de manera errónea el concepto de nuestra cultura matriarcal (centrada en la madre) o generaban estereotipos, como la existencia de las «princesas cheroquis», cuando el concepto de realeza es ajeno al pueblo cheroqui.

Muchos de nosotros seguimos llevando a cabo la forma de vida ceremonial de nuestros ancestros. Pero también vivimos y trabajamos en el mundo moderno no vinculado a la cultura cheroqui. Los cheroquis somos ciudadanos de nuestra nación tribal y también de los Estados Unidos. Debido a esa dualidad, seguimos ciertas leyes y responsabilidades específicas, y continuamente intentamos mantener el equilibrio entre ambos mundos.

Otsaliheliga a todos los que vivieron antes que nosotros, a los que viven ahora y a aquellos que están por llegar.

Nota sobre las fuentes de este libro: Además de basarme en las experiencias vividas por mi propia familia como ciudadanos de la Nación Cheroqui, me he asesorado con artesanos, narradores, mensajeros culturales y lingüistas cheroquis. También se pueden encontrar recursos provenientes de medios de comunicación e impresos en el sitio web de Charlesbridge y en www.tracisorell.com.

EL SILABARIO CHEROQUI

El pueblo cheroqui respeta a Sequoyah, herrero y platero cheroqui, por haber desarrollado la lengua cheroqui en forma escrita. A principios de los 1800, Sequoyah inventó el silabario del lenguaje cheroqui. En un alfabeto, a cada letra le corresponde un sonido, y en un silabario hay símbolos que representan una sílaba específica. En 1828 se fundó el periódico tribal *Cherokee Phoenix*, y se han publicado muchos libros en este idioma, entre ellos la Biblia, libros de texto, himnarios y cuentos infantiles. El silabario de Sequoyah continúa siendo un material de enseñanza, ya que el pueblo cheroqui utiliza su lenguaje en investigaciones en internet, procesadores de texto, redes sociales y correos electrónicos.

Para mayor información sobre la historia y la cultura contemporánea cheroqui, visita la Nación Cheroqui en **www.cherokee.org**. En la siguiente página presentamos el silabario cheroqui completo.

SILABARIO CHEROQUI

Ꭰ a	Ꭱ e	Ꭲ i	Ꭳ o	Ꭴ u	Ꭵ v
Ꭶ ga Ꭷ ka	Ꭸ ge	Ꭹ gi	Ꭺ go	Ꭻ gu	Ꭼ gv
Ꭽ ha	Ꭾ he	Ꭿ hi	Ꮀ ho	Ꮁ hu	Ꮂ hv
Ꮃ la	Ꮄ le	Ꮅ li	Ꮆ lo	Ꮇ lu	Ꮈ lv
Ꮉ ma	Ꮊ me	Ꮋ mi	Ꮌ mo	Ꮍ mu	Ᏽ mv
Ꮎ na Ꮏ hna Ꮐ nah	Ꮑ ne	Ꮒ ni	Ꮓ no	Ꮔ nu	Ꮕ nv
Ꮖ qua	Ꮗ que	Ꮘ qui	Ꮙ quo	Ꮚ quu	Ꮛ quv
Ꮜ sa Ꮝ s	Ꮞ se	Ꮟ si	Ꮠ so	Ꮡ su	Ꮢ sv
Ꮣ da Ꮤ ta	Ꮥ de Ꮦ te	Ꮧ di Ꮨ ti	Ꮩ do	Ꮪ du	Ꮫ dv
Ꮬ dla Ꮭ tla	Ꮮ tle	Ꮯ tli	Ꮰ tlo	Ꮱ tlu	Ꮲ tlv
Ꮳ tsa	Ꮴ tse	Ꮵ tsi	Ꮶ tso	Ꮷ tsu	Ꮸ tsv
Ꮹ wa	Ꮺ we	Ꮻ wi	Ꮼ wo	Ꮽ wu	Ꮾ wv
Ꮿ ya	Ᏸ ye	Ᏹ yi	Ᏺ yo	Ᏻ yu	Ᏼ yv

SONIDOS REPRESENTADOS POR VOCALES

a, como en pato
e, como en ven
i, como en mil
o, como en por
u, como en luz
v, como la a en sal, pero como sonido nasal

SONIDOS REPRESENTADOS POR VOCALES

«g» como en gota, pero con una aproximación al sonido «k». «d» casi igual al español, pero con aproximación a la «t». «h» como «j» en español. «k», «l», «m», «n», «q», «s», «t» y «w» igual que en español. «y» como en yuca. Las sílabas que empiezan con «g» (excepto «ga») a veces suenan como una k en español. «go», «du» suelen sonar como tu, y «dv» suele sonar como la combinación fonética /tv/. Las sílabas escritas con «tl» (excepto «tla») suelen variar a la combinación fonética /dl/.

Cherokee Nation
Education Services Group
Cherokee Language Program
language@cherokee.org
www.cherokee.org

ᏣᎳᎩ ᎠᏰᎵ ᏧᎾᏕᎶᏆᏍᏗ
ᏗᏂᏍᏕᎵᏍᎩ ᎤᎾᏓᎷᎬ
ᏣᎳᎩ ᏕᏬᏂᎯᏍᏗ ᎤᏙᏢᏒ
language@cherokee.org
www.cherokee.org

Traducción del silabario al español por Carlos E. Calvo